Bangladesh

世界のともだち 09

バングラデシュ

わんぱくアシフと青い自転車
石川直樹

কেমন আছেন?
ケーモン アーチン？（元気ですか？）
আমার নাম আসিফ
ぼくの名前はアシフです。

バングラデシュは1971年に誕生した、
とても新しい国です。
そのバングラデシュを3度目にたずねたとき
ぼくにはひとりのともだちができました。
彼の名はアシフ。
青い自転車を宝物にしている
6才の男の子です。
これからアシフに
会いにいきましょう。

旧市街の船着き場。橋がないので渡し舟で川をわたる

国会議事堂はルイス・カーンという建築家が作りました

人だらけの街、ダッカ

首都ダッカ。ここはバングラデシュの入口です。たくさんの人たちが、ぼくのことをじーっと見つめています。ビルの屋上に登っても、川の上でも、やっぱり見られています。それもそのはず、みんな外国人になれていないだけでなく、ここは世界でも有数の人口密度をほこる、人間だらけの街なのです。

市場の片すみでねころんでいる男たち

重い荷物は頭ではこんだほうがいい。日本も昔はこうでした

市場には野菜やくだものをはじめ、なんでも売っています

ガンジス川

　人ごみをかきわけながら、街を歩いていくと、ミルクコーヒーのような色をした大きな川にたどりつきます。氷河を抱いたヒマラヤ山脈から湧き出た一滴の水がいつしかガンジス川となって、広大なインドを通り、最後にこのバングラデシュの海に注ぎこむのです。
　川岸には、大ぜいの人がいました。釣りをする少年、水遊びをしている女の子、飛びこんで泳ぐ若者、洗濯するお母さん、体を洗うおばあさん、カワウを使って魚をとるおじさん、おしっこをしている人まで います。ここは、あらゆるものをのみこんではるか遠くから流れてきたガンジス川の終着点でもあります。
　この川を、船に乗ってわたります。手こぎの舟は向こう岸まで、エンジンつきボートはちょっとはなれた村まで、大きな蒸気船は遠くの街まで、ぼくたちをはこんでくれるのです。ボートの上は、友人の家をたずねる人や仕事に出かける人たちで満員です。吹き抜ける風を感じながら、ぼくはボートで対岸にわたりました。

お父(とう)さんのナッシール(53才(さい))とお母(かあ)さんのルナ(45才(さい))、そして、アシフ(6才(さい))

アシフの家族(かぞく)

　川(かわ)をわたった所(ところ)にある街(まち)に、アシフとその家族(かぞく)がくらしています。このあたりでは、いくつかの家族(かぞく)が集(あつ)まり、ひとつのたてものにみんなでくらしながら共同生活(きょうどうせいかつ)をしているのです。だから、ひとりぼっちになることは決(けっ)してありません。いつもだれかがいっしょにいてくれます。

　アシフの家(いえ)は、お父(とう)さんのナッシール(53才(さい))とお母(かあ)さんのルナ(45才(さい))とアシフの3人(にん)ぐらしです。お姉(ねえ)さんは、ほかの街(まち)へお嫁(よめ)に行(い)ってしまい、今(いま)は家(いえ)にいません。「おーい、外国人(がいこくじん)がきたよ」と、アシフが言(い)うやいなや、たくさんの子(こ)どもたちが、家(いえ)の前(まえ)になだれこんできました。

　アシフの家(いえ)は、たったひと部屋(へや)しかありません。大(おお)きなベッドが部屋(へや)の半分(はんぶん)を占(し)めている、小(ちい)さなおうちです。そこに子(こ)どもたちが集(あつ)まると、ぎゅうぎゅうになってしまいます。それでもアシフのお父(とう)さんとお母(かあ)さんは、みんなをやさしくむかえました。

外国人を見ようと、近くにいたともだちが大集合

近所のおばさんもアシフの家でくつろぐ

小さな街なので、みんな知りあい

アシフ一家の小さな家

台所は共同なので、食器だけ

冷蔵庫はありません

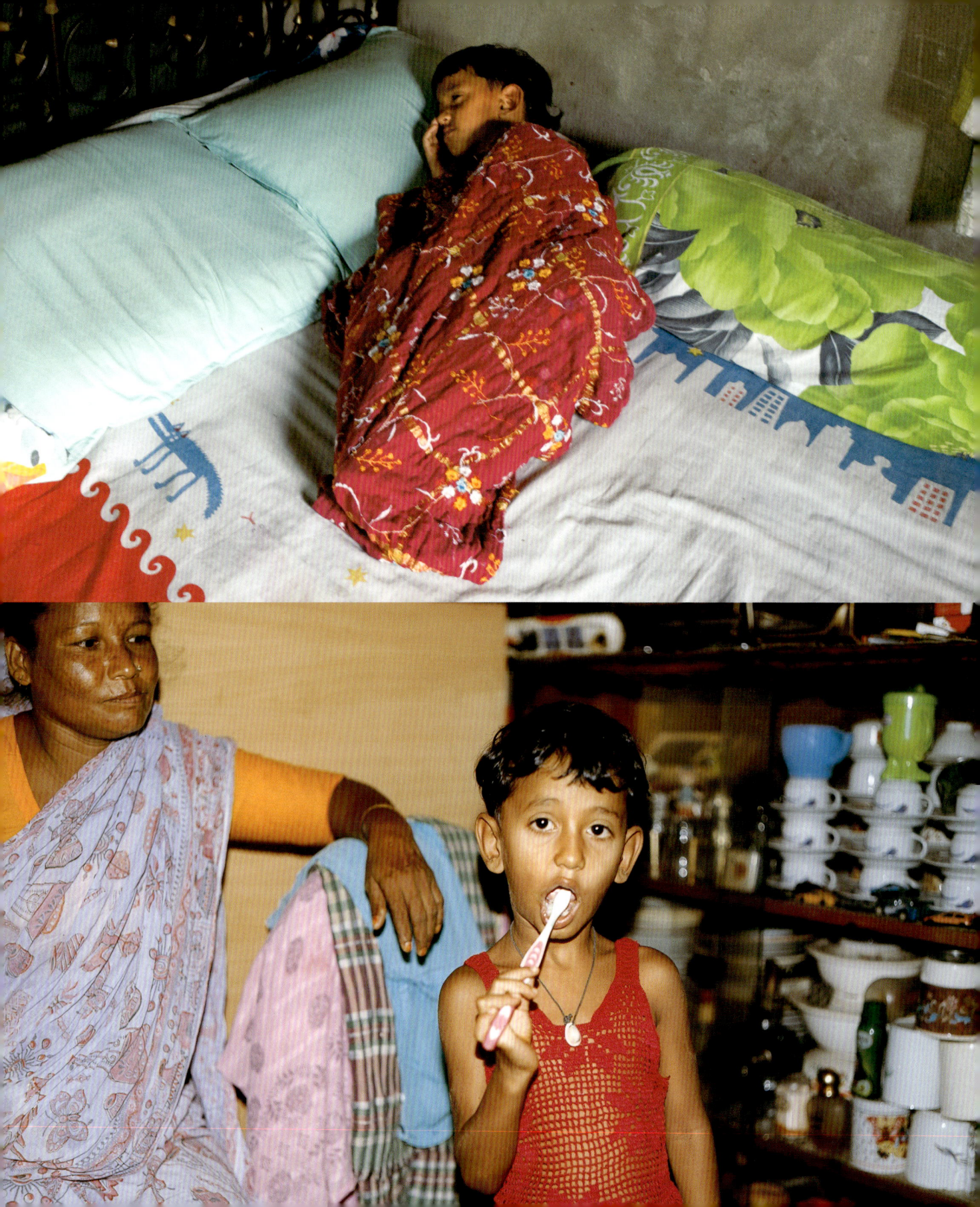

共同の洗面所。お湯は出ません

アシフは自転車遊びが大好き

　アシフの一日は、大きなベッドの上ではじまります。お父さんやお母さんと3人で「川」の字になって寝ているのですが、起きるのはいつもアシフが最後。お母さんに「いいかげんに起きなさい」と言われると、目をこすりながら歯ブラシを手にもって、洗面所に向かいます。部屋に水道はないので、みんなで使う共同の洗面所に行くのです。

　お母さんに手伝ってもらいながら、パジャマを着がえると、朝ごはんを食べます。テーブルはありませんから、ベッドの上か、地べたにゴザをしいて、食事をします。朝ごはんには、練った小麦粉を丸くのばして揚げた、ポロタというパンに似た食べものやスープ、くだものなどを食べます。

　アシフは、いつも小学校に通っていますが、この日はお休みでした。

　彼は家の横にある鳩小屋に向かいます。アシフのお父さんは、たくさんの鳩を飼っていて、その鳩小屋のなかに、アシフの宝物がしまってありました。それは青い自転車です。アシフは自転車に乗って、ともだちと遊ぶのが大好きです。

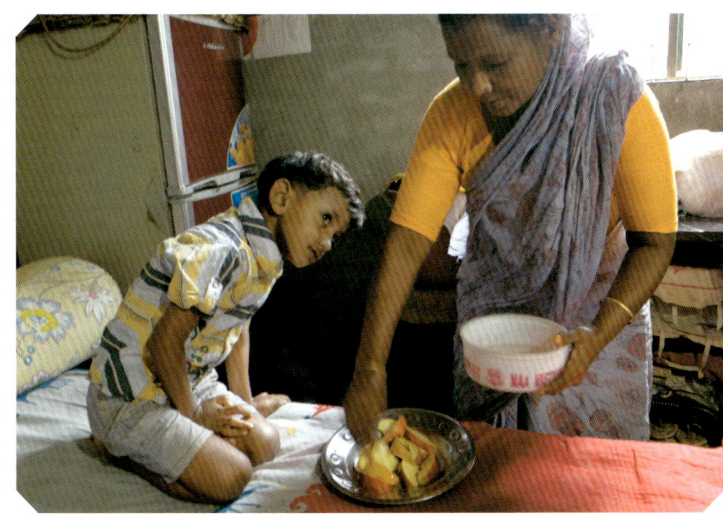
今日の朝ごはんはリンゴです

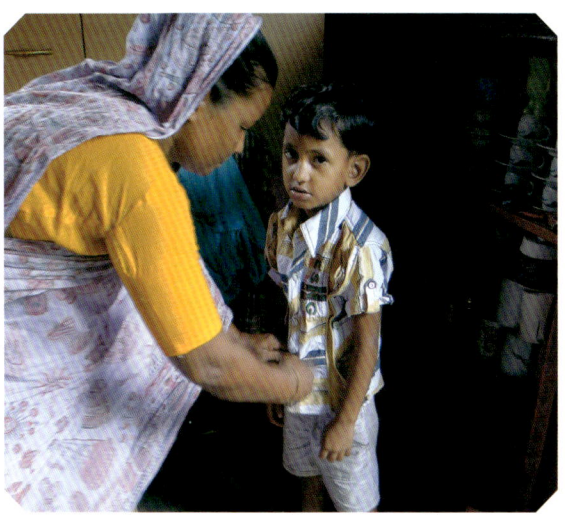
お気にいりのシャツを着せてもらって、外へ

外に出ると、どこからともなくともだちが集まってきます

宝物の青い自転車。いつもは鳩小屋にしまってあります

　家の近くにある大きな空き地を、アシフは自転車でぐるぐるまわりながら、つぎつぎとともだちに声をかけていきました。
　自転車のほかに、アシフが大切にしているのは、ギターやたいこのおもちゃです。きちんとした音は出ないけれど、楽器をもつとミュージシャンに変身して、楽しそうにおどります。
　テレビを見るのも好きで、アニメの『トムとジェリー』がお気にいり。でも何よりともだちとふざけあっているときがいちばん楽しそうでした。

おもちゃのたいこをトントントン。将来はミュージシャン！？

ロボットや車のおもちゃも宝物

女の子たちがアシフのおもちゃをじっと見つめていました

お母さんがパイナップルを切ってくれました

長屋のお姉さんたちは、みんな働きもの

長屋のみんなで使う共同のかまどと、据えつけ式の包丁

タルカリ（カレー）は毎日食べます

川でとれる魚は、貴重な食材です

魚の下ごしらえをするお母さん

共同の台所で、手ぎわよく火をおこします

台所では、しゃがみ仕事

　昼ごはんを作ってくれるのは、お母さんとはかぎりません。同じたてものでくらしているお姉さんたちが、共同の台所で食事を作ってくれるのです。電気は通っていますが、ガスがないので、火はたきぎでおこします。

　タルカリという名前のカレーは、みんなの大好物。鶏肉や魚や野菜や豆などを入れて、色々な種類のタルカリを作ります。それを、朝ごはんでも食べたポロタや、練った小麦粉を油を使わずに焼いたルティなどといっしょに、手を使って食べるのです。

ルティと豆のカレー、そしてやわらかいキャラメルのようなデザート

たまねぎと唐辛子の漬けものは何にでもあいます

手を使って食べると、料理の味もあたたかみもよくわかります

勉強と学校

アシフの家には机がないので、ベッドの上で勉強をしていました。最近は、文字の練習にはげんでいます。アシフの好きな科目は算数で、嫌いな科目は国語（ベンガル語）。日本のことを知っているか聞いてみたのですが、知らないそうです。

行ってみたいところは、ちょっとはなれた場所にあるおじいさんやおばあさんの家で、その先にもっと大きな世界があることを、アシフはまだ想像できません。

アシフに将来の夢をたずねても、首をかしげるばかり。まだ大人になってからのことはわからないようです。お父さんは、アシフにエンジニアや学校の先生になってほしいと願っているのですが、さてどうなることでしょう。

バングラデシュには貧しくて学校に通えない子どもたちもたくさんいるので、ともかくこうして勉強ができるアシフは、幸せなのかもしれません。

机がないので、ベッドの上でお勉強

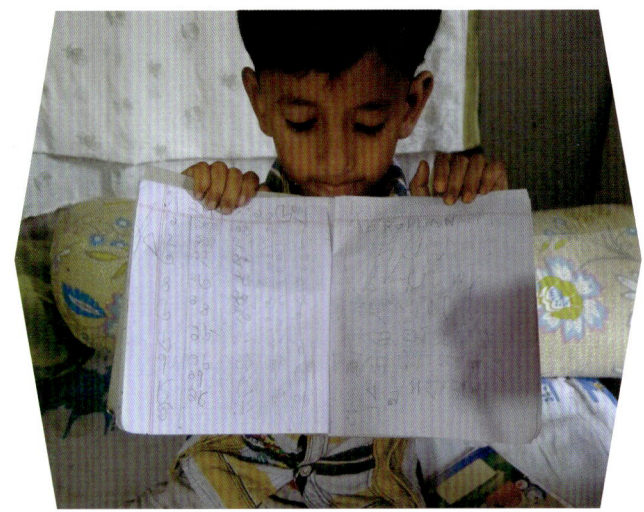

だいぶ文字を書けるようになってきました

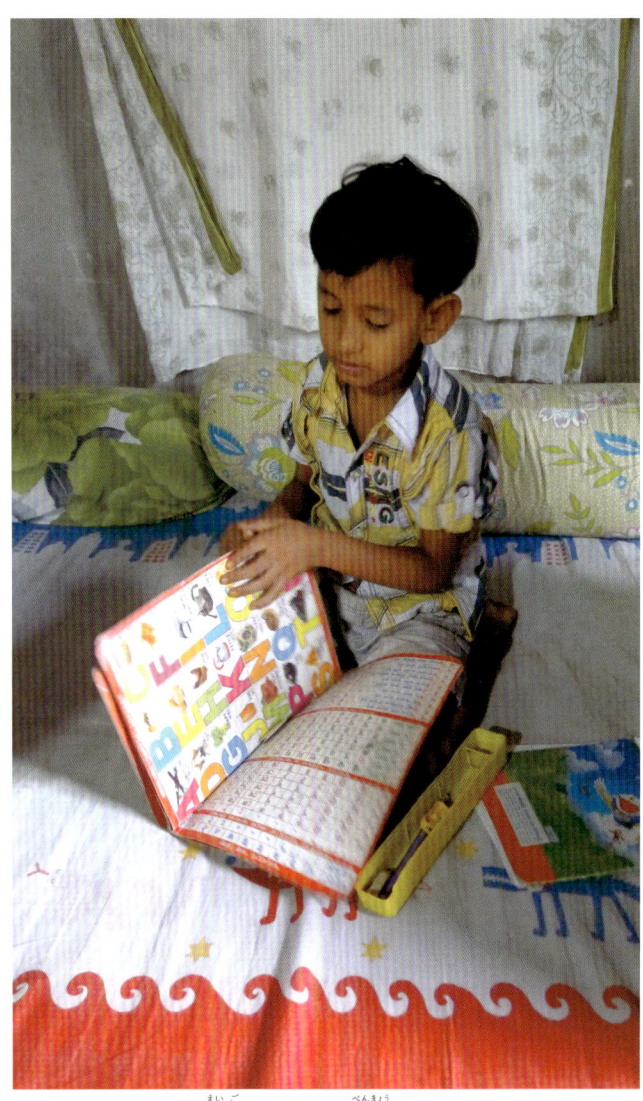

英語もちょっとは勉強します

　ドラえもんのノートをお気にいりのバッグに入れて、アシフは学校に行きます。

　アシフの街には、ふたつの学校があります。ひとつは「マドラサ」ともよばれるイスラム神学校で、ここではコーランの教えを中心に、イスラム世界のことを学びます。コーランというのは、イスラム教を学ぶための教科書のようなものです。それを読んだり、おぼえたりするための学校が神学校です。この街のマドラサには男の子しか入れず、先生も男性のみ。年上のお兄さんたちも勉強しています。

お気にいりのバッグは、トムとジェリー

ドラえもんはバングラデシュでも大人気

マドラサ(イスラムの神学校)は男の子の世界

コーランを読みながら、イスラムの教えを学びます

これが教科書のコーラン。絵はありません

こちらは小学校。にぎやかです

　神学校の教室内は、おしゃべりや笑い声は聞こえない、まじめな雰囲気。体でリズムをとりながら声に出してコーランを読みます。バングラデシュはイスラム教の国なので、こうした神学校や、モスクとよばれるお寺のような施設があちこちにあります。
　アシフの街にあるもうひとつの学校は、ぼくたちもよく知っているような小学校です。こちらでは英語や算数、文字の読み書きに加えて、神学校と同じように、コーランを読むこともあります。アシフが通っているのは、この小学校のほうです。

小さな教室に、子どもたちがびっしり

街あるき

　アシフのくらしている街は、レンガの生産で有名です。川岸に行くと、たくさんの男たちが、船にレンガを積んだり、原料となる小石を船からおろしたりして、忙しくはたらいていました。

　アシフはお父さんと手をつないで、散歩に出かけます。家から少し離れると、自転車屋さんや鉄の道具を作る鍛冶場がありました。男たちが集まっておしゃべりをする売店のような屋台もあります。ここではみんながみんな知りあいなので、「やあやあ」と声をかけあって生きているのです。

　川辺では、子どもたちが釣りをしていました。この川でとれる魚は、街の片すみにある市場で売られます。市場には、野菜でもお肉でもなんでも売られています。コンビニエンスストアや、スーパーマーケットはなく、みんなこの市場で買いものをするのです。

　さらに歩きつづけると、バスやタクシーも通る大きな通りがあります。でも、アシフの散歩はここまで。大人になったら、この先へと旅に出るのでしょうか。

広い川岸は、子どもたちの遊び場

大人も子どもも釣りに夢中

アシフが鍛冶場の仕事を見つめています

牛もいっしょにくらす

街にはおもちゃ屋さんもあります

肉屋さん。大きいお肉！

三輪の「リキシャ」は、みじかい距離専門のタクシーです

床屋さんにドアはありません

ガンジス川ではたくさんの種類の魚がとれます

野菜のはかり売り。新鮮な農作物がいっぱい

チャイ(香辛料の入ったミルクティー)のお店

近所のともだちのなかで自転車を持っているのは、アシフだけ

毎日の遊び

　アシフは、いつもお気にいりの自転車で遊びに出かけます。街には、本当にたくさんの子どもたちがいて、コマまわしや、おままごと、おいかけっこやかくれんぼなど、みんながよく知っている遊びに夢中になっています。

　ほとんどの家にはテレビがないので、一軒の屋台でテレビがうつりはじめると、黒山の人だかりができます。アシフはそれに加わってテレビを見つめたり、床屋さんの軒先でおしゃべりに加わったり、目の前にあらわれた鶏をおいかけたりもしています。

　アシフと街を歩いているだけで、ぼく自身が子どもたちの遊びの一部になってしまいます。知らない女の子に手をひっぱられて家につれていかれ、生まれたばかりの赤ちゃんを見せられたり、子犬の写真を撮りながらひとりの男の子にカメラを見せてあげると、人がどんどん集まってきて大さわぎになったりしたこともありました。

バングラにもコマまわしがあるんです

子犬を撮らせてもらおうとしたら、人だかりが……

みんなが学校から帰ってきました

やっぱりおままごとは人気の遊び

自転車で暴走するアシフをおいかける

　おもちゃや遊び道具は多くないですが、兄弟のめんどうをみたり、お父さんやお母さんの仕事を手伝ったり、もしかしたら勉強だって、アシフたちにとっては遊びと同じように、笑顔がこぼれることなのかもしれません。

　ぼくはアシフと出会い、ともだちになりました。すると、アシフひとりではなく、アシフがくらしている街の人々と、少しずつ知りあえるようになりました。こうして、ぼくはバングラデシュにたくさんのともだちができたのです。

　「おーい、また来るからね！」
ボートに乗って川の反対側に帰ろうとすると、アシフだけでなく、街で出会ったたくさんの人が川岸に集まってきて、ぼくに手をふってくれました。

　アシフも、いつかこうして船に乗って、お父さんやお母さんやともだちに手をふられながら、街を離れる日が来るのでしょうか。何年後になるかわかりませんが、アシフが青年になったとき、またバングラデシュをたずねて、将来の夢を聞いてみたいと思います。

　「アシフ、どうもありがとね」
ぼくはみんなの顔が見えなくなるまで、手をふりつづけました。

バングラデシュのあらまし

※データは2021年現在のもの

ダッカの街角はいつも人であふれている。交通ルールなんてあってないようなもの

国名 バングラデシュ人民共和国
人口 約1億6468万人
首都 ダッカ
言語 ベンガル語
民族 おもにベンガル人

国土

インド半島の北東のつけ根に位置している。南側はインド洋で、南東部でミャンマーと国境を接しているが、それ以外はインドにかこまれている。国土の面積は14.7万km²。日本の約40％だが、人口は日本より3000万人以上も多く、世界有数の人口密度の高い国として知られている。

気候

1年を通して気温の高い熱帯気候で、首都ダッカの平均気温は、1月は19℃、7月は28.9℃。11～2月は乾季、6～10月は雨季で、年間降水量の80％が雨季に集中して降る。ガンジス川などの大河と平地を利用した稲作がさかんだが、台風や洪水による被害が出ることも多い。

通貨

通貨はタカ。100タカは日本円で約130円。

政治

共和制。国家元首は議会で選ばれる大統領。行政は大統領が任命する首相が行う。大統領も首相も任期は5年。議会は一院制で350議席。議員は国民の直接選挙によって選ばれる。選挙権は18才から。

歴史

1971年にできた新しい国。国境がなかった時代は隣のインドといっしょに「ベンガル地方」とよばれていた。この地域は歴史的には4世紀～6世紀はグプタ朝、8世紀なかごろからはパーラ朝、11世紀末ごろからはヒンドゥー教を信仰するセーナ朝が治めた。その間に地域としてまとまり、ベンガルとよばれるようになる。13世紀になるとイスラム教徒が移住するようになり、1586年にイスラム教徒の国であるムガル帝国が治めるようになる。18世紀にムガル帝国がおとろえると、イギリスの植民地となった。1947年、イギリスから独立。現在のバングラデシュがある地域は東パキスタンとよばれ、インドをはさんで西にある西パキ

ダッカ郊外にある古都ショナルガオンの街なみ

インドへも行けるバングラデシュ鉄道の歴史は古い

バスも列車も、満員のときは屋根にまで人が乗る

ダッカのショドル・ガット港の桟橋は、渡し舟でいっぱい

スタンとともに、パキスタン・イスラム共和国となる。しかし、東西の地域に民族的なつながりはなく、西パキスタンのほうが政治や経済の面で優位に立っていたため、東パキスタンでは独立の気運がたかまった。1971年に独立を宣言し、現在のバングラデシュ人民共和国となる。しかし、独立には9か月におよぶ内戦と300万人ともいわれる犠牲者をともなった。バングラデシュという国名は、「ベンガル人の国」という意味。1974年には国際連合に加盟。ジュート以外のおもな輸出品や産業はなかったた

め、海外からの経済援助に大きく頼って国家の建設が進められた。

産業

繊維工業、ジュートの生産、稲作、漁業が主要な産業。近年は外国の衣料品の縫製工場などが多く建設され、輸出品の85%以上を衣類が占めている。おもな貿易相手国は、輸出はアメリカ、ドイツ、イギリス、輸入は中国、インド、アメリカ。しかし、輸出よりも輸入のほうが金額が大きく、国としては赤字の状態が続いている。外国に働きに出る人も多い。

教育

6才から小学校に通う。小学校5年、中学校5年、高校2年。義務教育は小学校だけで、無償。小学校に入学する人は80%いるが、中退してしまう人も多い。中学校に進学する人は、小学校の半分程度。文字の読み書きができるのは人口の約73%。中学校を卒業するとき行われる試験に合格しないと、高校に進学できない。

宗教

イスラム教がほとんどで約90%、ヒンドゥー教などが約9%。

現代の社会

アジアの最貧国のひとつとされ、多くの人が貧困に苦しむ。ダッカにあるグラミン銀行では、貧しい人(おもに女性)に無担保でお金を貸す「マイクロ・クレジット」という制度をおこなっている。この資金をもとに事業をはじめ、貧困からぬけだす人も多い。グラミン銀行と、グラミン銀行を創設したムハマド・ユヌスは、この功績が認められて2006年にノーベル平和賞を受賞した。

あとがき

　アシフとの出会いは、偶然でした。はじめてバングラデシュを訪ねたとき、あるタクシー運転手と知り合って、その人の家に招かれました。外国人がめずらしいので、彼は家族や近所の人にぼくを紹介したかったのでしょう。あたたかいもてなしを受け、そこで子どもたちとも知りあいになったのです。

　「世界のともだち」を作ることになり、ぼくは彼の家をふたたび訪ねようとしました。住所を書いた紙ももらっていたのですが、あいまいな書き方で、その近くまでしかたどりつけません。（そもそもこまかい番地などが、バングラデシュにはないようなのです……。）ぼくは途方にくれながら、その街を歩いていました。こんな感じの家だったかなと思い、「ごめんくださーい」と声をかけた先で出会ったのが、アシフ一家だったのです。

　彼らは見ず知らずの外国人の訪問に、最初はとまどっていましたが、だれにでもやさしいバングラデシュ人気質で、ぼくを家に招いてくれて「だったらアシフを撮ればいいよ」と言ってくれたのです。

　ぼくはベンガル語を話せませんし、彼らは英語を話せません。近所のイスラム神学校の先生に手伝ってもらいながらインタビューをし、いっしょに街を歩き、身ぶり手ぶりで会話をしながらできあがったのが本書です。

　そんなきっかけにもならないような小さなきっかけによって仲よくなったアシフ一家と、彼らを介して知りあった、街の人々。結局、タクシー運転手の彼とは会えなかったわけですが、出会いとは本当に不思議なものだなあ、とこの本を作る過程であらためて思いました。

　このような場をあたえてくださった偕成社のみなさんと、「世界のともだち」シリーズに心から感謝しています。

——石川直樹

石川直樹　いしかわ なおき
1977年東京生まれ。高校2年生のときにインド・ネパールへ一人旅に出て以来、2000年に北極から南極まで人力で踏破するPole to Poleプロジェクトに参加、翌2001年には、七大陸最高峰登頂に成功するなど、その後も世界を絶えず歩き続けながら作品を発表している。その関心の対象は、人類学、民俗学など、幅広い領域に及ぶ。開高健ノンフィクション賞を受賞した『最後の冒険家』（集英社）、写真絵本『富士山にのぼる』（教育画劇）ほか著書多数。2011年、写真集『CORONA』（青土社）にて土門拳賞受賞。

世界のともだち 09
バングラデシュ
わんぱくアシフと青い自転車

写真・文	石川直樹
発行	2014年3月1刷　2021年12月4刷
発行者	今村正樹
発行所	偕成社
	〒162-8450　東京都新宿区市谷砂土原町3-5
TEL	03-3260-3221［販売部］　03-3260-3229［編集部］
URL	http://www.kaiseisha.co.jp/
印刷	東京印書館
製本	難波製本
デザイン	寄藤文平 + 鈴木千佳子（文平銀座）
	浜名信次（Beach）
イラスト	鈴木千佳子
編集協力	島本脩二
執筆協力	山田智子（P.38-39）
取材協力	蔵増理沙

【おもな参考書籍・ウェブサイト】
・『バングラデシュを知るための60章【第2版】』明石書店
・『地球の歩き方　バングラデシュ　2013〜2014年版』ダイヤモンド社
・外務省ウェブサイト（各国・地域情勢 バングラデシュ）http://www.mofa.go.jp/mofaj/area/bangladesh/
・外務省ウェブサイト（諸外国・地域の学校情報 バングラデシュ）http://www.mofa.go.jp/mofaj/toko/world_school/01asia/infoC11100.html

NDC748　25cm　40P.　ISBN978-4-03-648090-6　　©2014, Naoki ISHIKAWA　Published by KAISEI-SHA. Printed in Japan.
落丁本・乱丁本はお取り替えいたします。本のご注文は電話、FAX、またはEメールでお受けしています。
Tel:03-3260-3221　Fax:03-3260-3222　E-mail:sales@kaiseisha.co.jp